SOCIÉTÉ DES ARTISTES FRANÇAIS

GRAND PALAIS DES CHAMPS-ÉLYSÉES

SALON DE 1924

EXPOSITION

de la

SOCIÉTÉ COLONIALE

des

ARTISTES FRANÇAIS

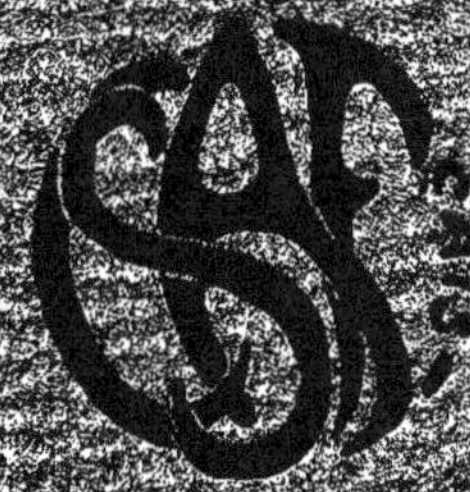

PARIS

SOCIÉTÉ FRANÇAISE D'IMPRIMERIE

[illegible]

[illegible]

[illegible]

1924

Le Bulletin
de la
Vie Artistique

Rédacteurs : Félix Fénéon, Guillaume Janneau, Tabarant

Le Bulletin de la Vie Artistique, abondamment illustré, paraît le 1er et le 16 de chaque mois.

Le Bulletin de la Vie Artistique n'est pas une revue dogmatique. Il n'enseigne pas. Il renseigne.

24 numéros **24 francs**

MM. BERNHEIM JEUNE,
ÉDITEURS D'ART
25, BOULEVARD DE LA MADELEINE, 25
& 15, RUE RICHEPANCE, 15

Envoi sur demande, d'un numéro spécimen du " Bulletin de la Vie Artistique " aux Éditions Bernheim-Jeune.

PRÉFACE

Qu'un écrivain soit appelé, normalement et par sa situation même, dans un groupe collectif d'art, à faire et à signer la préface d'un catalogue d'une exposition de peinture et de sculpture, — voilà qui, sans autres harangue, démontre l'ampleur et, si j'ose dire, l'universalité de l'œuvre de Louis Dumoulin.

La Société Coloniale des Artistes Français a ceci de précisément caractéristique qu'elle exige de ses membres l'intelligence créatrice et la réalisation des conceptions de cette intelligence dans l'intérieur du domaine colonial français. Ensuite de quoi tous les instruments sont bons pour extérioriser le travail de l'esprit : plume, pinceau, ébauchoir, truelle, tire-ligne, burin... et même le marteau et la pioche, car nous ne sommes pas de ceux qui écarteraient dédaigneusement le maître artisan, l'ouvrier du « chef-d'œuvre », honneur de notre Moyen Age. Et c'est ainsi que la peinture, la sculpture, la littérature sous toutes ses formes, l'archéologie, l'architecture, la ciselure, la gravure et tous les arts appliqués marchent ici tous ensemble sous l'étendard de l'esthétique coloniale française.

Je ne veux pourtant pas revenir ici sur la naissance, non plus que sur les progrès adolescents de cette Société, qui, depuis 1907, n'a connu que des efforts — et des efforts toujours couronnés de succès — et qui, sans protection officielle, sans budget certain, sans argent même, est arrivée à se faire la place la plus enviable au soleil de l'art, non pas le soleil intime qui n'éclaire que le seuil des petites chapelles, mais bien celui qui a de si grands domaines qu'il ne se couche jamais sur l'étendue de son empire.

Depuis sa dernière manifestation à l'Exposition Coloniale de Marseille en 1922, jusqu'au jour où elle prend sa juste part du Salon de 1924, son heureuse influence — dont il faut attribuer à son président et à quelques amis tous les résultats actifs — n'a pas cessé de se développer et de se manifester aussi bien dans la métropole que dans les colonies.

Charité bien ordonnée commençant par soi-même, on me permettra de dire que l'institution — sous les auspices premiers d'Albert Sarraut, lequel restera toujours, et sous n'importe quel titre, l'*animateur* des colonies françaises, du prix de littérature coloniale, — a eu tout de suite de nombreuses imitations, en Belgique, en Tunisie, en Algérie ; et nous le mentionnons sans reproche, encore que le zèle de ces deux derniers pays ait pu nous paraître d'un particularisme un peu exagéré.

L'an dernier, dans une réunion tenue au Grand Palais des Champs-Elysées, sous la présidence et avec la chaude approbation du ministre des Colonies, nous avons pris l'initiative d'une Exposition des Arts appliqués aux Colonies, depuis l'art du logement jusqu'à l'art du vêtement, et nous avons eu le plaisir de voir notre projet compris et adopté, non seulement par nos camarades, mais par les couturiers, les modistes, et par tout ce que Paris compte d'arts légers, élégants, féminins, et, pour tout dire en un mot, français.

Nous avons eu, grâce aux Dieux, assez d'idées neuves et d'initiatives pour admettre que ce projet soit réalisé par nos enfants, légitimes, adoptifs ou même naturels. Nous nous contentons d'en revendiquer hautement l'indéniable paternité.

Nous n'avons pas borné là nos initiatives ; nous avons engagé, tant auprès des autorités locales de nos colonies qu'auprès de nos membres, peintres et sculpteurs, toutes les démarches nécessaires pour que, dès la fin de 1913, un important musée fût affecté et ouvert à Tananarive où, en conséquence, une Ecole des Beaux-Arts vient d'être créée.

Ce musée, qui comprend plus de trois cent trente numéros, a été offert tout entier et gracieusement par les artistes, et la préface de son premier catalogue était signée d'un nom particulièrement illustre : Gallieni.

Et, en 1923, la Société vient d'adresser, pour la constitution d'un Musée des Beaux-Arts au Maroc, près de deux cents toiles à la Commission Municipale de Casablanca.

Comme le précédent, ce musée a été gracieusement offert au Protectorat par les artistes. Ceux-ci connaissent l'accueil que lui a réservé le maréchal Lyautey.

En matière d'art, comme en matière de politique ou de guerre, le maréchal Lyautey s'est, d'ailleurs et comme toujours, montré le premier de nos hauts chefs et de nos grands gouverneurs. Non content d'avoir créé pour nos jeunes artistes des prix et des bourses de voyage, il entend les accueillir à leur arrivée dans *son* Maroc. Des ateliers clairs, aérés, vastes, où l'on peut admirablement travailler — où l'on peut loger au besoin — attendent nos camarades à Fez, à Rabat, à Meknès et à Marrakech. Encouragé d'un si bel exemple, M. le Résident général Lucien Saint prépare à Tunis une maison des Artistes.

Je n'ajouterai, à ces utiles réalisations, qu'une remarque. C'est que l'Etat, à qui nous n'avons rien demandé que l'amabilité de ses relations avec nous, a tenu à reconnaître nos efforts et le talent de nos camarades de la manière qui pouvait nous être la plus sensible et la plus agréable. A l'Exposition de Marseille, quinze artistes de notre Société, dont onze lauréats, ont été nommés ou promus dans l'ordre de la Légion d'Honneur.

Et maintenant, supposons fermée cette Exposition parisienne qui s'ouvre aujourd'hui ; et ne la considérons pas comme un but atteint, mais comme une étape sur la route, et comme un moyen d'aller plus avant. Que la génération d'aujourd'hui entende l'appel de celles qui l'ont précédée ; qu'elle continue et qu'elle couronne leur œuvre : le champ le plus vaste et le plus beau, celui de la multiforme et protéique Nature, est ouvert à tous les labeurs et à toutes les ambitions. Songeons que, des trésors infinis qu'elle dédie à ses adorateurs, nous n'en avons encore reçu que la plus faible part, et qu'elle garde, aux chercheurs de demain, ses réserves de beauté insoupçonnées et de justes gloires.

Et pour nous, qui comptons mélancoliquement nos années, et les rides qui les accusent, souvenons-nous que, aux travailleurs de toutes les branches de l'art, le cœur reste chaud, et le cerveau vaillant ; et que, si nous avons pu accrocher, à notre pinceau ou à notre plume, le moindre brin de laurier, nous pouvons prétendre à la jeunesse éternelle.

Albert de POUVOURVILLE.

Société Coloniale des Artistes français

PRESIDENT D'HONNEUR

M. Albert SARRAUT, ancien ministre des Colonies, ancien gouverneur général de l'Indo-Chine.

COMITE DE DIRECTION

PRESIDENT FONDATEUR

M Louis DUMOULIN, peintre.

Vice-Présidents.

MM. ROCHEGROSSE, peintre. — Pierre MILLE, homme de lettres. — Léon RUFFE, peintre-graveur, inspecteur de l'Enseignement du dessin et des Musées.

Commissaire général.

M. Henri GOURDON, inspecteur général de l'Instruction publique en Indo-Chine.

Secrétaire général.

M J.-J. ROUSSEAU, peintre.

Membres.

MM. BRIEUX, de l'Académie Française, président du Comité de Littérature ; René CAGNAT, membre de l'Institut, président du Comité d'Archéologie ; Henri DEGLANE, membre de l'Institut, président du Comité dArchitecture ; Adolphe BRISSON, directeur des *Annales politiques et littéraires*, président du Comité des arts et du théâtre ; AUBERT, président du Comité des arts décoratifs ; Albert AUBLET, peintre ; Jean BÉRAUD, vice-président de la Société Nationale des Beaux-Arts ; Claude FARRÈRE, homme de lettres ; Charles FOUQUERAY, peintre ; E. MARCHE, peintre ; Maurice MARX, sculpteur ; E. PINCHON, sculpteur ; SAINT-GERMIER, peintre ; Georges SCOTT, peintre ; Victor TARDIEU, peintre ; DE POUVOURVILLE ; PATRICOT, peintre-graveur ; R. DU GARDIER, peintre ; Paul JOUVE, peintre.

Secrétaires.

MM. Jean VIGNAUD ; S. CLÉMENTEL.

COMMISSION DES BEAUX-ARTS

M. NÉNOT, membre de l'Institut, président de la Société des Artistes Français et le bureau de la Société.

M. BARTHOLOMÉ, président de la Société Nationale des Beaux-Arts et le bureau de la Société.

M. Frantz JOURDAIN, président du Salon d'Automne et le bureau du Salon d'Automne.

M. L. DUMOULIN, président de la Société Coloniale des Artistes Français et le bureau de la Société.

COMMISSION DE LITTERATURE

Président : M. BRIEUX.

Membres.

MM. Louis BERTRAND ; Henry BÉRENGER ; Guillaume CAPUS ; Félix DUBOIS ; Claude FARRÈRE ; GROSCLAUDE ; Marius et Ary LEBLOND ; LICHTENBERGER ; Pierre MILLE ; A. DE POUVOURVILLE ; A. TERRIER ; Gérôme et Jean THARAUD ; Henri GOURDON ; Jean AJALBERT ; Sébastien-Georges LECOMTE ; Jean VIGNAUD ; Mme Myriam HARRY ; M. Robert RANDAU.

COMMISSION D'ARCHITECTURE

Président : M. Henri DEGLANE, membre de l'Institut.

Membres.

MM. Albert TOURNAIRE, membre de l'Institut ; Alexandre MARCEL, architecte en chef du Gouvernement ; Gabril MIDY, architecte du Gouvernement et de la Ville de Paris ; Albert BALLU, architecte en chef du Gouvernement ; SALADIN, architecte du Gouvernement ; DELAVAL, architecte du Gouvernement ; WULFFBEEFF, architecte du Gouvernement ; J. RICHARD, architecte du Gouvernement ; Marcel AUBURTIN, architecte en chef du Gouvernement, président des Urbanistes français.

COMMISSION D'ARCHEOLOGIE

Président : M. René CAGNAT, membre de l'Institut.

Membres.

MM. BABELON, membre de l'Institut ; SENART et CORDIER, membres de l'Institut pour le domaine de l'Indo-Chine ; TOUTAIN, professeur des Hautes études religieuses pour le domaine tunisien et marocain ; HUART, professeur à l'Ecole des langues orientales, membre de l'Institut pour le domaine musulman ; le docteur CAPITAN, professeur au Collège de France pour le domaine préhistorique et l'ethnologie ; Fernand ROUGET, archiviste paléographe.

COMMISSION DES ARTS DECORATIFS

Président : M. AUBERT.

Membres.

MM. DUFRENNE ; DELAHERCHE ; GENUYS ; JAULMES ; LALIQUE ; LE BOURGEOIS ; LENOBLE.

COMMISSION DES ARTS DU THEATRE

Président : M. Adolphe BRISSON.

Membres.

MM. Jacques ROUCHÉ, directeur de l'Opéra ; Emile FABRE, directeur de la Comédie-Française ; Albert CARRÉ, directeur de l'Opéra-Comique ; Paul GAVAULT, directeur de l'Odéon ; Robert de FLERS, président de la Société des Auteurs ; Alphonse FRANCK, président du Syndicat des Directeurs de théâtre ; SYLVAIN, doyen de la Comédie-Française ; RONDEL, président des Escholiers ; FIGUIÈRE, directeur du *Figuier ;* Jacques COPEAU, directeur du Vieux-Colombier ; Pierre VÉBER, directeur du Nouveau-Théâtre ; Firmin GÉMIER,, directeur du Théâtre-Antoine ; LUGNE-POE, directeur de l'*Œuvre ;* Mlle Constance NAILLE, directrice du Théâtre-Marigny ; MM. André MESSAGER ; Pierre DECOURCELLES ; J.-L. CROZE ; DUFRESNE, président du Syndicat des Music-Hall's ; A. ADERER ; Alfred CORTOT ; Georges BOYER ; Mme ZAMBELLI, de l'Opéra ; Mlle CHASLES ; MM. Lucien JUSSEAUME ; Maxime DETHOMAS, décorateurs ; Benoît LÉVY ; GUERNIÉRI ; BARRET, directeur des Tournées artistiques ; Jules TRUFFIER, professeur au Conservatoire.

Trésorier : M. Gaston BERNHEIM jeune.

Avocat-Conseil : Me José THIERRY.

PRIX DU MINISTÈRE DES COLONIES

PRIX DE LITTERATURE (1.000 fr.)

Une commission dont le Président est M. Brieux, de l'Académie française, est chargée d'attribuer une somme de mille francs à l'auteur d'un ouvrage d'inspiration coloniale (histoire, notes de voyage, roman...).

Les propositions de candidature devront être adressées à M. Louis Dumoulin, président de la Société Coloniale des Artistes Français au Ministère des Colonies, et les demandes de renseignements ainsi que les ouvrages des candidats déjà publiés (il n'est pas accepté de manuscrit) à M. Pierre Mille, vice-président, 15, quai Bourbon.

PRIX D'ARCHEOLOGIE (1.000 fr.)

Une commission dont le Président est M. René Cagnat, membre de l'Institut, est chargée d'attribuer une somme de mille francs à l'auteur d'un travail relatif aux monuments anciens de notre empire colonial.

PRIX D'ARCHITECTURE (1.000 fr.)

Une commission dont le Président est M. Henry Deglane, membre de l'Institut, est chargée d'attribuer une somme de mille francs à l'auteur de l'œuvre la plus intéressante, relative à l'art colonial.

PRIX DES ARTS DECORATIFS (1.000 fr.)

Une commission dont le Président est M. Aubert, est chargée d'attribuer une somme de mille francs à l'auteur d'une œuvre inspirée, de la façon la plus large, des arts de nos colonies, ou des procédés de fabrication employés par les artisans indigènes.

PRIX DES ARTS DU THEATRE (1.000 fr.)

Une commission dont le Président est M. Adolphe Brisson, est chargée d'attribuer une somme de mille francs à l'auteur d'une manifestaton artistique ayant un caractère colonial (théâtre, musique, chorégraphie, art dramatique, cinématographie, décors, costumes).

Pour ces prix, les propositions de candidature devront être adressées à M. Louis Dumoulin, président de la Société Coloniale des Artistes Français au Ministère des Colonies, et les demandes de renseignements :

Pour la Littérature, à M. Pierre Mille, vice-président, 15, quai Bourbon ;

Pour l'Archéologie, à M. René Cagnat, membre de l'Institut, 3, rue Mazarine ;

Pour l'Architecture, à M. Henri Deglane, membre de l'Institut, Grand Palais des Champs-Elysées, avenue Victor-Emmanuel-III ;

Pour les Arts Décoratifs, à M. Aubert, rue de Chézy, 77, à Neuilly-sur-Seine ;

Pour les Arts du Théâtre, à M. Adolphe Brisson, directeur des *Annales politiques et littéraires*, 51, rue Saint-Georges.

PRIX DE L'AFRIQUE OCCIDENTALE (3.000 fr.)

Fondé par M. MERLAUD-PONTY, *Gouverneur général.*

Ce prix consiste en une somme de trois mille francs et le voyage aller et retour tant en chemin de fer qu'en paquebot de Paris jusquà Dakar.

Les plus grandes facilités de séjour et de voyage dans l'intérieur de la Colonie sont en outre données au titulaire du prix, par les soins du Gouverneur général, pour lui permettre d'étudier les aspects très variés et très pittoresques de la Colonie.

PRIX DE L'INDO-CHINE (1.200 piastres)

Fondé par M. KLOBUKOWSKI, *Gouverneur général.*

Ce prix sera attribué annuellement dans les mêmes conditions que le prix de l'Afrique Occidentale française dont il est fait mention plus haut.

PRIX DE L'AFRIQUE EQUATORIALE FRANCAISE (2.500 fr.)

Fondé par M. MERLIN, *Gouverneur général.*

Ce prix sera attribué annuellement dans les mêmes conditions que le prix de l'Afrique Occidentale française dont il est fait mention plus haut.

PRIX DE MADAGASCAR (3.000 fr., sauf augmentation éventuelle)

Fondé par M. Hubert GARBIT, *Gouverneur général.*

Ce prix sera attribué annuellement dans les mêmes conditions que le prix de l'Afrique Occidentale française dont il est fait mention précédemment.

Eventuellement dans ce prix serait compris un voyage à la Réunion.

PRIX DU MAROC (3.000 fr.)

Fondé par le Maréchal LYAUTEY, *Résident général* au Maroc.

Ce prix sera attribué annuellement dans les mêmes conditions que les autres prix fondés par les Gouverneurs généraux de l'Afrique Occidentale, de l'Afrique Equatoriale, de l'Indo-Chine et de Madagascar.

PRIX DE LA COMPAGNIE GENERALE TRANSATLANTIQUE

Cette Compagnie met à la disposition d'un artiste, désigné par le Comité, un passage aller et retour de Bordeaux à Casablanca ou l'un des ports du Maroc desservis par elle.

Les lauréats trouveront en outre dans les villes de Marrakech, Fez, Meknès (ultérieurement Rabat et Safi) des ateliers mis à leur disposition après entente avec M. Ed. Pauty, chef du Service des Beaux-Arts au Maroc.

PRIX DE LA COMPAGNIE DE NAVIGATION MIXTE

Cette Compagnie met à la disposition d'un artiste, désigné par le Comité, un passage aller et retour de Marseille à Tunis ou l'un des ports desservis par elle.

PRIX DE LA COMPAGNIE PAQUET

Cette Compagnie met à la disposition d'un artiste, désigné par le Comité, un passage aller et retour de Marseille à Casablanca.

Ces prix seront attribués chaque année à des candidats exposant soit à la Société des Artistes français, soit à la Société Nationale des Beaux-Arts, soit au Salon d'Automne, par un Jury formé des membres du Bureau de chacune des trois sociétés auquel sera adjoint le bureau de la Société Coloniale des Artistes français.

Les candidatures à ces prix seront reçues jusqu'au 31 mai inclus au nom de M. Louis Dumoulin, président de la Société Coloniale des Artistes français au Ministère des Colonies ou à son adresse personnelle, 58, rue Notre-Dame-de-Lorette, à Paris.

Les candidats devront verser entre les mains du Trésorier, M. Gaston Bernheim jeune, 25, boulevard de la Madeleine, un droit d'inscription de cinq francs au profit de la Caisse des prix coloniaux.

Les lauréats devront s'engager à faire partie de la Société Coloniale des Artistes français et à réserver la primeur de leurs œuvres aux expositions organisées par cette Société.

Il s'obligent à partir dans les délais fixés par le règlement de chaque prix.

La Société Coloniale met à la disposition des artistes qui en feraient la demande et seraient désignés par le Comité, des facilités de voyage d'études aux Colonies.

D'une façon générale, pour tous renseignements, s'adresser à M. Louis Dumoulin, président de la Société Coloniale des Artistes français au Ministère des Colonies, ou à son adresse personnelle, 58, rue Notre-Dame-de-Lorette, à Paris.

CORRESPONDANTS
DE LA SOCIÉTÉ COLONIALE DES ARTISTES FRANÇAIS

MAROC

M. PAUTY, chef du Service des Beaux-Arts, à Rabat.

Casablanca : M. E. BRINDEAU, artiste peintre, directeur du Musée, rue de l'Avenir.

Fedala : M. Gustave BABIN, homme de lettres.

Fez : Mme REVEILLAUD, à Fez-Bali, où est organisée une agence qui permet aux artistes de se procurer des modèles, dans les conditions les meilleures.

Mazagan : M. FOMBERTEAUX, inspecteur général régional des Beaux-Arts.

Marakech : M. GALLOTTI, inspecteur des Beaux-Arts.

Meknès : M. MATTEO-BRONDY, artiste peintre.

Rabat : M. COUDO DE SAN-TRIANO, artiste peintre, professeur au Lycée Gouraud.

Safi : M. Maurice LEGLAY, contrôleur civil.

INDO-CHINE

Hanoï : M. Emmanuel DEFERT, 5, avenue Volenhoven, à Hanoï.
M. ARTIGAS, à Luang-Prabang (Haut-Laos).
M. HOUDAILLE DU MEIX, au Chemin de fer, à Tourane.

MADAGASCAR

M. Emile PERRIN, secrétaire du Comité artistique.

ALGERIE — TUNISIE

Alger : M. G. ROCHEGROSSE, vice-président de la Société, à El-Biar.
— M. ANTONI, artiste peintre, 12 boulevard Bon-Accueil, à Alger.
Tunis : M. Albert AUBLET, artiste peintre, Dar-ben-Abdalhah.
— M. RESPLANDY, architecte.

CONGO FRANÇAIS

Brazzaville : M. CRUVEILLER, chef des Travaux publics.
— M. FRÉHAUT, maison Fréhaut.

MARSEILLE

M. Dominique OFFAND, 28, rue Thiers.

SALON DE 1924

COMMISSION D'EXAMEN

Président : M. Louis DUMOULIN.
Vice-Présidents : MM. Frantz JOURDAIN ; GORGUET ; MONTENARD.
Secrétaire : M. Guillaume ROGER.

Membres.

Pour la Société des Artistes Français : MM. FOUQUERAY, DUVENT, DU GARDIER, GUILLONNET, CHARRETON, HANNAUX, FOREAU, SAINT-GERMIER, Max BLONDAT.

Pour la Société Nationale des Beaux-Arts : MM. Georges PICARD, CADEL, P. CARRIER-BELLEUSE, H. NAVARRE, DE LIERRES.

Pour le Salon d'Automne : MM. Maurice DESVALLIÈRES, DETHOMAS, LÉVY-DHURMER, VILLARD, QUILIVIC.

Pour la Société Coloniale des Artistes Français : MM. RUFFE, J.-J. ROUSSEAU, AUBLET, JOUVE, Maurice MARX, MARCHÉ, CAYON.

Les artistes Hors Concours ou sociétaires de la Société Coloniale des Beaux-Arts et du Salon d'Automne n'étaient pas soumis à l'examen de la Commission.

Société Coloniale des Artistes français

EXTRAITS DES STATUTS

Article Premier. — Une association est fondée (mai 1908) sous le nom de Société Coloniale des Artistes Français.

Art. 2. — Elle a son siège à Paris.

Art. 3. — Elle a pour objet de grouper les artistes français et autour d'eux tous ceux qui, d'une façon générale, soit par des œuvres d'art, soit par des recherches scientifiques, soit par des travaux artistiques, littéraires ou archéologiques, s'intéressent au domaine colonial français et veulent en faire connaître et rendre populaires les aspects, les mœurs, les coutumes, l'histoire et les recherches artistiques.

D'une façon plus immédiate, la Société se propose de créer un rapprochement entre ceux qui s'intéressent à la vie artistique, littéraire et scientifique de nos colonies au moyen d'expositions, de congrès, de conférences, publications et par tous les moyens qu'elle jugera utiles.

De faciliter aux artistes leurs voyages et leurs études aux colonies et de les aider dans leurs travaux et recherches par tous les moyens en son pouvoir.

SOCIÉTÉ COLONIALE DES ARTISTES FRANÇAIS

Salon de 1924.

ACHARD (JEAN-GEORGES-PIERRE), né à Abzac (Gironde). — 23, rue Dutot.

1. — *Le Roi Sisowath*, buste terre cuite.

ACKEIN (Mlle MARCELLE), née à Alger, élève de M. Humbert. — 31, rue Jeanne.

2. — *Riverains du Niger (Soudan)*, p.
3. — *Les Iles de Los de Conakry (Guinée)*, p.
4. — *Marchands nomades près Mopti (Soudan)*, p.

ANDRIEUX (ALFRED-LOUIS), né à Paris, élève de Luc-Olivier Merson. — 42, rue Scheffer.

5. — *Panthère mâle (A. O. F.)*, d.

ANTONI (LOUIS-FERDINAND), né à Alger. — 12, boulevard Bon-Accueil, Alger.

6. — *Femmes sur les terrasses (étude pour une décoration du Palais d'Eté, Alger)*, p.
7. — *Femme et enfants sur les terrasses*, p.
8. — *Nègres soudanais (étude)*, p.

AUBLET (ALBERT), né à Paris, élève de Gérôme. — 135, boulevard Bineau, Neuilly-sur-Seine (Seine).

9. — *Dans l'oasis*, p.
10. — *Rue Sidi-ben-Ziad (Tunis)*, p.
11. — *Vue des terrasses (Tunis)*, p.

AUBER (Mlle CHRISTIANE), née à Saint-Denis (Réunion), élève de Ange Supparo. — 111, boulevard Saint-Michel.

12. — *Les Flamboyants (Ile de la Réunion)*, p.
13. — *Sous bois (Jardin Colonial, à Saint-Denis, Ile de la Réunion)*, p.

BALDOUI (JEAN), né à Paris. — Inspecteur des Arts Indigènes, à Rabat (Oudaïa), Maroc.

14. — *Les Cacaoyers (Martinique)*, p.
15. — *Vue de terrasses à Fès*, p.
16. — *Chemin d'aloès à Fès*, p.

BARBOSA (DARIO), né à Sao-Paulo, Brésil, élève de Jules Lefebvre et M. Dechenaud. — 42, villa Chaptal, Levallois-Perret.

17. — *Marché marocain*, p.
18. — *Musicien ambulant*, p.

BARBEY (VALDO-LOUIS), né à Valleyres (Suisse), élève de G. Desvaillères. — 1, rue des Saints-Pères.

19. — *Femmes dans l'oasis*, p.

BARRIER (Mme GENEVIÈVE), née à Loches (Indre-et-Loire), élève de M. Ernest Laurent. — 1, rue du Printemps.

20. — *Portrait de Si-Brahim*, pastel.
21. — *Coucher de soleil, Figuig*, pastel.
22. — *Brodeurs de burnous, Marrakech*, huile.
23. — *Grilleur de pois chiches, Marrakech*, huile.

BAUCHANT (ANDRÉ), né à Châteaurenault (Indre-et-Loire). — Auzouer (Indre-et-Loire).

24. — *Eléphant et tigre se préparant au combat*, p.
25. — *Dans l'oasis*, p.

BAUDOT (Mlle JEANNE), née à Paris, élève de Renoir. — Louveciennes, (Seine-et-Oise).

26. — *Un cadre : Femmes kabyles*, gr.

BEGUET (GEORGES-PIERRE-LOUIS), né à Alger, élève de Charles Cordier. — 12, boulevard Saint-Louis, Alger.

27. — *Mauresque d'Alger*, statuette bronze.

BERJONNEAU (JEHAN), né à Montmorillon (Vienne). — 38, avenue de la Motte-Picquet.

28. — *La Vieille Porte de Tunis à Kairouan*, p.
29. — *Séchage des piments à Dar-Chabane (Tunisie)*, p.
30. — *Dans la brousse tunisienne*, p.

BIZET (Mme ANDRÉE), née à Poitiers (Vienne), élève de M. Humbert. — 8, rue du Quatre-Septembre.

31. — *Place de Sidi-Boussaïd (Tunisie)*, p.
32. — *Marché de Tozeur (Tunisie)*, p.
33. — *Gabès (Tunisie)*, p.

BLANC (CHARLES-SYLVAIN), né à Besançon (Doubs), élève de Thomas, Carlus, Capellaro. — 49, rue Liancourt.

34. — *Tika, portrait d'une Annamite*, médaillon plâtre.

BOIRY (CAMILLE), né à Rennes (Ille-et-Vilaine), élève de Léon Bonnat. — 24, rue Denfert-Rochereau.

35. — *Chameaux de caravane*, pastel.
36. — *L'Aveugle, Marrakech*, gouache.

BONAMY (ARMAND), né à Nantes (Loire-Inférieure), élève de H. Berteaux et Fougerat. — 7, rue Belloni.

37. — *Le Souk El-Khemis (Maché du jeudi), à Marrakech*, p.

BORDENAVE (Mme YVONNE), née à Rochefort (Charente-Inférieure), élève de M. Georges Roussin et de Mme Jean de Mertens. — 2, rue de la Bienfaisance.

38. — *Rue à Salé*, pastel.
39. — *Femme au cimetière*, pastel.

BOUCHAUD (JEAN), né à Nantes (Loire-Inférieure), élève de MM. Baschet et Deschenaud. — 5, rue de Laborde.

40. — *Femmes au bain*, p.
41. — *Les Deux Sauvages*, gouache.
42. — *Odalisque*, gouache.
43. — *Le Palmier (Alger)*, gouache.

BOUDON (Emile), né à Lyon (Rhône). — 36, avenue de Châtillon

44. — *Marché annamite*, groupe bronze.
45. — *Jeune Tonkinoise*, buste bronze.

BOUTHEON (Charles), né à Lyon, élève de Cormon et Charretton. — 74, boulevard Raspail.

46. — *Les Vendeurs arabes*, p.

Le R. P. BRIAULT (Maurice-Louis), né à Percy (Manche), élève de H. Pinta. — 30, rue Lhomond.

47. — *Soir de saison sèche en A. E. F.*, p.
48. — *La Forêt équatoriale*, p.

BRICKA (Mlle Marie-Marguerite), née à Bellevue (Seine-et-Oise), élève de MM. Humbert, Renard, Biloul. — 5, rue de Villersexel.

49. — *Aïcha*, pastel.
50. — *Etude d'Indienne*, pastel.

BRIDGMAN (P.-A.), né en Amérique. — Lyons-la-Forêt (Eure).

51. — *La Fontaine de l'Oasis*, p.
52. — *Dans les gorges de l'Atlas*, p.
53. — *Paysage*, p.

BROWN (Frank), né en Amérique, élève de Julian. — Rue Vavin, 19.

54. — *Mosquée des Sabres, Kairouan*, p.

BURNSIDE (Cameron), né à Londres. — Rue Vavin, 10.

55. — *Sousse*, p.
56. — *Fête indigène*, p.
57. — *Carthage*, p.

CADEL (Eugène), né à Paris, élève de Bonnat. — Rue de la Trémoille, 30.

58. — *Danse de jeunes garçons à Alger*, p.
59. — *« En Alger », le vaisseau barbaresque*, p.
60. — *Danse du ventre (Ouleds à Biskra)*, p.

CAREBUL (Mme Béatrice), née à Paris. — Rue de l'Université, 80.

61. — *Vieilles maisons à Oran*, p.

CARLUS (Jean), né à Lavaur (Tarn), élève de Falguière. — Avenue Albert-Ier, 43, La Varenne.

62. — *Cavalier africain*, groupe plâtre.

CASSE (Mme Germaine), née à Paris, élève de l'Ecole des Beaux-Arts d'Avignon et de Marseille. — Rue d'Alésia, 20 *bis*.

63. — *Acajous, ananas, figues Raimbaud (nature morte, Guadeloupe)*, p.
64. — *Le Flamboyant*, p.
65. — *La Désirade*, p.

CASTELHUCHO (Claudio), né à Barcelone (Espagne). — Rue d'Assas, 84.

66. — *Orientale*, p.

CAYON (Henry), né à Paris. — Rue des Beaux-Arts, 3 *bis*.

67. — *Joueuse de guitare, Koulouba (Soudan)*, p.
68. — *Joueuse de cora, Koulouba (Soudan)*, p.
69. — *Mogador (Maroc)*, p.

DE CHAMBERTRAND (Gilbert), né à Pointe-à-Pître (Guadeloupe), élève du cours A. B. C. — Rue Bébian, Pointe-à-Pître.

70. — *Tête de vieille Guadeloupéenne*, pastel.

CHAMPY (Clotaire), né à Varzy (Nièvre), élève de Injalbert et Peter. — Rue Vercingétorix, 52.

71. — *Enlisé*, plâtre patiné.

CHARBONNIER (Mlle Madeleine-Elise), née à Paris. — Rue Delambre, 43

72. — *Nature morte*, p.

COLLIN (Albéric), né à Anvers. — Avenue Van Put, 36, Anvers.

73. — *Groupe de trois antilopes*, petite sculpture.
74. — *Otarie*, petite sculpture.
75. — *Léopard assis*, petite sculpture.
76. — *Marabout en marche*, petite sculpture.

COUSIN (Charles), né à Paris, élève de Bonnat. — Rue Davioud, 22.

77. — *Ruines de Takéo*, p. huile.
78. — *Angkor*, dessin.
79. — *Hué*, dessin.

DABADIE (Henri), né à Pau (Basses-Pyrénées). — Rue d'Assas, 68.

80. — *Bouzarlah (environs d'Alger)*, p.

DALE (Mme Maud), née à Rochester, New-York, élève de Steinlen, Carrol Bechwith. — 73, rue des Vignes.

81. — *Fez (Maroc)*, p.

DAVIDS (Mlle Arlette), née à Paris. — Rue de Prony, 97.

82. — *Jeune Martiniquaise*, p.

DEBAT (Roger-Marius), né à Constantine (Algérie), élève de M. Couvy et de Cormon. — Rue de Seine, 52.

83. — *Marchand arabe de pastèques*, p.

DEFERT (Emmanuel), né à Lys (Nièvre), élève de Edouard Léon. — Rue de Vercingétorix, 6.

84. — *Un cadre contenant 5 gravures sur bois, couleurs* : 1. *Les Ruines du temple* ; 2. *Marchandes de fruits (Annamites)* ; 3. *Hiver* ; 4. *Négresse à l'éventail* ; 5. *Vagues*.

DELAHOGUE (Alexis), né à Soissons (Aisne). — Rue Ferdinand-Duval, 18.

85. — *Famille arabe sous la tente*, p.
86. — *Laveuses à Gabès (Sud-Tunisien)*, p.

DELPEY (ANDRÉ). né à Paris, élève de M. Jean-Paul Laurens et de Gabriel Ferrier. — Rue Adolphe-Yvon, 14.

87. — *Jeune Fille arabe (Algérie)*, dessin rehaussé.
88. — *Négresse (Algérie)*, pastel.

DEMANET (VICTOR-JOSEPH-GHISLAIN), né à Givet (Ardennes). élève de M. Désiré Hubin. — Rue du Marché-aux-Arbres, 5, Namur (Belgique).

89. — *Type kabyle (Algérie)*, buste plâtre patiné.

DENIS-VALVERANE (LOUIS), né à Manosque (Basses-Alpes), élève de J.-P. Laurens. — Rue Léon-Delhomme, 10.

90. — *La Fontaine tunisienne*, p.
91. — *Sous les lauriers-roses*, p.

DESC (Mme A.), née à Paris, élève de MM. Baschet, Toudouze, Maurice Neumont. — Rue Dombasle, 38.

92. — *Trois pages d'un album enfantin : « Nos petits coloniaux ».* Appartenant à M. B. Sirven, éditeur.

DOMERGUE (GASTON), né à Paris, élève de Roll. — Rue Dussourd. 16, Asnières (Seine).

93. — *Rue à Biskra, le matin*, p.

DROUET-CORDIER (Mlle SUZANNE), née à Paris, élève de Ferdinand Humbert. — Rue de la Folie-Méricourt, 24.

94. — *Un jardin arabe*, p.
95. — *L'Esclave favorite*, p.

DUCROS (EDOUARD),né à Aix, élève de Louis Gautier. — Place Jeanne-d'Arc, 6, Aix.

96. — *Zimmerlich, mendiant arabe*, p.
97. — *Marché arabe (Mirabeau, Algérie)*, p.

DUCUING (PAUL-JEAN-MARIE), né à Lannemezan (Hautes-Pyrénées), élève de Falguière et Mercié. — Rue Pierre-Nicole, 20 *bis*.

98. — *S. M. Sisavong, roi de Luang-Prabang (Laos)*, buste plâtre doré.

DUFAUX-ROCHEFORT (HENRI), né à Cliens (Haute-Savoie), élève de M. Humbert. — Rue de la Grande-Chaumière, 8.

99. — *La Sanga à Ouesso (Afrique Equatoriale)*, huile.
100. — *Sur la M'Baéré (rivière tropicale, A. E. F.)*, huile.
101. — *Tête de femme Zanguère (Afrique équatoriale)*, huile.

DUMOULIN (LOUIS), né à Paris. — Rue Notre-Dame-de-Lorette, 58.

102. — *De Souk-el-Khremis à Bab-Marouk (Fez)*, p.
103. — *Dans les souks à Marrakech*, p.

DUREL (Gaston-Jules-Louis), né à Gaillac (Tarn), élève de MM. J.-P. Laurens, A. Guillemet, A. Delaistre. — Rue Paul-Déroulède, 5, Neuilly.

104. — *Fontaine Nedjarine à Fez (Maroc)*, p.
105. — *Réveil de femme arabe (effet de nuit)*, p.
106. — *La Porte de Boudjloud, à Fez*, aq.
107. — *Campement de Mokazenis à Chbabat (Maroc)*, aq.
108. — *Marabout de Sidi-Youm (Maroc)*, aq.

EBERL (François-French), né à Prague. — Rue Camille-Tahan, 4.

109. — *Une Martiniquaise*, p.
110. — *Une mère et sa fille martiniquaises*, p.

ENGELBACH (Jacques), né au Havre. — Rue des Thermes, 13, Enghien-les-Bains (Seine-et-Oise).

111.— *Eucalyptus aux environs de Blida*, p.
112. — *Rue du vieux Biskra*, p.

EVRARD (Robert-Amédée), né au Havre (Seine-Inférieure). — Avenue Berthelot, Chaville (Seine-et-Oise).

113. — *Le Caffié*, p.
114. — *Croquis*, aq.

EWALD (Albert), né à Paris. — Rue Edmond-Valentin, 4.

115. — *Sidi-Bou-Saïd*, p.
116. — *Sidi-Bou-Saïd*, p.

FERRAND (Francis), né à Paris, élève de M. Emile Alder. — Rue Denfert-Rochereau, 16.

117. — *Escalier du Temple d'Angkor-Vat*, bois.

FRASEZ (Mme Gabrielle), née à Roubaix (Nord), élève de MM. Humbert et Dewinter. — Rue Fosse-aux-Chênes, 45, Roubaix (Nord).

118. — *Messaouda*, p.
119. — *La Kabylie*, p.

FREDOUILLE (Félix-Maurice), né à Oran (Algérie), élève de MM. Antoni et E. Laurent. — Rue Daguerre, 7.

120. — *Paysage, La Casbah (Alger)*, p.
121. — *Paysage à El-Biar*, p.

FREMONT (Mme Camille-Désirée-Suzanne), née à Châtillon-sous-Bagneux (Seine). — Rue Visconti, 14.

122. — *Le Lac Anosy (Tananarive)*, p.
123. — *Le Zoma (Tananarive)*, p.
124. — *Fenoariva*, p.
125. — *Ambohimanga*, aq.
126. — *Les Paillottes dans la forêt*, aq.
127. — *Alanamazotra (village malgache)*, aq.

FURIET (Paul), né à Annecy (Haute-Savoie). — Rue des Saints-Pères, 76 *bis*.

128. — *Une porte de Kairouan*, p.
129. — *Ruelle à Sousse*, p.

GALLIEN-BERTHON (Mme MARIE-CLOTILDE), née à Constantine (Algérie), élève de Mlle Delamare, MM. Baschet, Shommer et Royer. — Rue de Vaugirard, 71.

130. — *Femmes arabes au jardin du harem*, aq.

GARDIER (RAOUL DU), né à Wiesbaden, de parents français, élève de Gustave Moreau, Chartran et A. Maignan. — Avenue de Tourville, 19.

131. — *Port d'Alger*, p.

GARRY (CHARLEY), né à Paris, élève de MM. F. Flameng, Jules Adler. — Rue Saint-Sénoch, 10.

132. — *Le Coin des Haoussa au marché indigène de Brazzaville*, p.
133. — *Retour de pêche sur le Pool (Congo)*, p.
134. — *Type batéké des environs de D'Jembala*, p.

GASTON-BROQUET, né à Voin (Meuse), élève de Thomas et M. Injalbert. — Avenue Perrichon, 12.

135. — *Jeune Fille noire* (bronze cire perdue) ; *La Charrue arabe* (terre cuite) ; *Les Aveugles* (terre cuite) ; *Le Potier* (bronze cire perdue).

GASTYNE (MARC DE), né à Paris. — Caroix, par Bernay (Eure).

136. — *Ouled-Naïd regardant la fantasia (Bou-Saada)*, p.
137. — *Oasis saharien*, p.

GAUSSEN (ADOLPHE), né à Marseille (Bouches-du-Rhône), élève de J.-B. Olive. — Rue Caulaincourt, 65.

138. — *Bords du lac Bahira*, p.

GENTILS-CAMBY (EDOUARD), né à Dax (Landes), élève de M. Charles Fouqueray. — Rue Campagne-Première, 9.

139. — *Myrka, « femme des Antilles »*, p.

GERVESE (HENRI), né à Vesoul (Haute-Saône), élève de M. Giacomotti. — Rue de Ponthieu, 45.

140. — *Le Théâtre dans la pagode*, aq.

GIANNELLI (ANTOINE), né à Marseille (Bouches-du-Rhône). — Rue des Beaux-Arts, 12.

141. — *Tam-tam*, p.
142. — *Têtes (études)*, p.

GIRARDVILLE (Mlle SUZANNE-GABRIELLE), née à Rennes (Ille-et-Vilaine), élève de MM. Lucien Simon et Renard. — Rue Monsieur-le-Prince, 1.

143. — *Vieux minaret (Maroc)*, p.
144 — *Marabout de Sidi-Bousmara (Casablanca)*, p.

GIR (CHARLES-PIERRE-FÉLIX), né à Tours (Indre-et-Loire). — Rue La Rochefoucauld, 17.

145. — *« J'ai fait trois fois le tour du monde » (en escale)*, p.
146. — *Ouled-Naïl*, bronze doré.

GOURSE (HIPPOLYTE), né à Toulouse (Haute-Garonne), élève de J.-P. Laurens. — Rue d'Estrées, 6.

147. — *La Zaouïa d'Abd-el-Kader à Kairouan (Tunisie)*, p.

GROPEANO (Nicolas), né à Bakaou (Roumanie). — Avenue Perrichon prolongée, 8.

148. — *Café Sidi-Ham-Chérif, Alger (Casba)*, p.
149. — *Souck El-Lefa (Tunis)*, p.
150. — *Café de la porte Bab-Saoun*, p.

GUILLONNET (O.-D.-V.), né à Paris, élève de L. Royer, J. Blanc, Cormon. — Boulevard de Clichy, 60.

151. — *La Capriote (dans une jardin de Tunisie)*, p.

GUINDET (Albert), né à Saintes (Charente-Inférieure). — Rue de Vaugirard, 23.

152. — *Oasis à Gafsa (Tunisie)*, p.

GUYOT (Georges-Lucien), né à Paris. — Place Emile-Goudeau, 18.

153. — *Orang-outang*, plâtre.
154. — *Lionne furieuse*, bronze.
155. — *Aigles fauves*, aq.
156. — *Ara rouge*, aq.

HAARDT (Robert), né à Naples (Italie). — Rue Boileau, 38.

157. — *Autour de la vasque.*
158. — *Etude.*

HAMDI (Mohamed), né à Alexandrie (Egypte). — Rue d'Alésia, 233-235.

159. — *Entrée de mosquée (Egypte)*, p.

HAUCHECORNE (Gaston), né au Havre (Seine-Inférieure). — Rue Madame, 49.

160. — *Jonques, golfe du Tonkin*, aq.
161. — *En baie d'Along*, aq.
162. — *Une vitrine : types chinois*, sc.

HAUTOT (Mlle Rachel), née à Tunis. — Sidi-Abd-Esselem, 31.

163. — *Statuette plâtre patiné.*
164. — *Statuette plâtre patiné.*

HAUTERIVE (Mme Mathilde), née à Lille (Nord), élève de MM. Humbert, Carolus Durand, Quost. — Rue Rodier, 66.

165. — *La Mosquée du Barbier, à Kairouan (Tunisie)*, p.
166. — *Le Quartier juif à Meknès (Maroc)*, p.

HAYMAN (Mme Laure), née à Valparaison (Chili). — Avenue du Président-Wilson, 34.

166 *bis*. — *Arabe de Tunis*, terre cuite.

HUMBERT (André). — Rue Saint-Sénoch, 17.

167. — *Colon sarde (environs de Sousse)*, dessin.
168. — *Chamelier à Souassi*, dessin.

INGLESSI (Mme N...), née à Paris. — Rue Lafayette, 111.

169. — *Coin de café à Tunis*, p.
170. — *Femme tunisienne*, p.

ITASSE-BROQUET (Mme Jeanne), née à Paris, élève de son père. — Avenue Perrichon, 12.

171. — *Trois statuettes :* 1. *Arabe en prière*, terre cuite ; 2. *Femme au couscous (Maroc)*, terre cuite ; 3. *Femme portant son bébé (Maroc)*, terre cuite.

JAMAR (ARMAND), né à Liége (Belgique). — Rue de la Consolation, 74, Bruxelles.

172. — *Vers l'immensité (Bou-Saada, Algérie)*, p.
173. — *Le Marabout (Bou-Saada, Algérie)*, p.
174. — *Femmes à la fontaine (Bou-Saada, Algérie)*, p.

JANIN (Mlle LOUISE), née à Dunhan (Etats-Unis d'Amérique). — 60, rue Madame.

174 *bis*. — *Mandara.*
174 *ter*. — *Tribut des mers.*

JEANSON (ALFRED DE), né à Paris, élève de J. Lefebvre, Benj. Constant, G. Boulanger. — Rue Gaillard, 2.

175. — *Habitation hispano-mauresque de la Mitidja (Bordj-el-Kantra, Algérie)*, p.

JOBERT (PAUL), né à Tlemcen (Algérie), élève de Jules Bastien-Lepage, Jules Lefebvre, Benj. Constant. — Rue de la Faisanderie, 3.

176. — *Balancelles dans le port d'Alger*, p. huile.

JOUCLARD (Mme ADRIENNE), née à Onville (Meurthe-et-Moselle), élève de M. Humbert. — Rue Eudore-Soulié, 2, Versailles.

177. — *Femmes arabes*, pastel.
178. — *Vannière*, dessin.
179. — *Vannière*, dessin.
180. — *Environs de Fez*, p.

JOUVE (PAUL). — Rue Notre-Dame-des-Champs, 70 *ter*.

181. — *Jaguar*, p.
182. — *Bonze cambodgien*, p.
183. — *Eléphant royal à Hué (Annam)*, p.
184. — *Aigle*, p.
185. — *Tigre*, p.
186. — *Eléphant à Maduras*, p.

JULIEN (JEAN), né à Marseille (Bouches-du-Rhône), élève de Cormon. — Rue Denfert-Rochereau, 37.

187. — *Femme berbère (Rabat)*, p.

LACOUR (CHARLES), né à Lyon (Rhône). — Rue de la Ferrandière, 30.

188. — *Mosquée au crépuscule, Alger*, p.
189. — *Rue des Ouleds-Naïls, Biskra*, p.

LAFOND (EMILE-PHILIPPE), né à Tlemcen (Algérie). — Rue de Lunéville, 71.

190. — *Montagnards Chleuhs (Maroc)*, p.

LAGNEAU (Mlle SUZANNE), née à Paris. — Rue Boissonade, 15.

191. — *Illustrations de légendes cambodgiennes*, p.
192. — *Etudes de voyage (palmiers et chemin)*, aq.
193. — *Trois impressions de Kairouan*, tempéra.
194. — *Trois impressions de Blida-Tebourrouk*, tempéra.
195. — *Croquis tunisiens*, tempéra.

LAMBRECHT (WILLIAM-ADOLPHE), né à Paris. — Avenue de Breteuil, 61.

196. — *Cour arabe*, p.
197. — *Rue de Kasbah, Alger*, p.
198. — *Rue à Constantine*, gr.
199. — *Souk à Tunis*, gr.
200. — *Ouled-Naïl, danseuses arabes*, gr.

LANTOINE (FERNAND), né à Maretz (Nord). — Avenue Bel-Air, 61, Uccle-Bruxelles (Belgique).

201. — *Sousse*, p.
202. — *Bizerte*, p.
203. — *La Kasbah (Alger)*, p.

LARRAMET DE BELOT (HILAIRE), né à Montech (Tarn-et-Garonne), élève de J.-P. Laurens, Benj. Constant. — Passage de l'Elysée-des-Beaux-Arts, 18.

204. — *Jardin arabe*, p.

LA VILLEON (EMMANUEL DE), né à Fougères (Ille-et-Vilaine), élève de Roll et Damoye. — Rue Notre-Dame-des-Champs, 72.

205. — *Palmiers*, p.
206. — *Effet de nuit*, p.

LAWSON (CECIL-C.-P.), né à Londres, élève de M. Baschet. — Avenue du Maine, 14.

207. — *Aux colonies françaises en* 1830, p.
208. — *Le Vieux Port d'Alger*, p.
209. — *La Fin du Corsaire*, p.

LAZARE-LEVY, né à Odratzheim (Bas-Rhin). — Villa des Prévoyants, n° 4, rue du Général-Brunet, 32.

210. — *Un marabout à Kairouan*, p.
211. — *Le Simoun*, p.

LE LOUP DE SAINVILLE (HERVÉ), né à Saint-Firmin-des-Bois (Loiret), élève de Jules Lefebvre et Boulanger. — Rue Notre-Dame-de-Lorette, 56.

212. — *Jeune Fille de la Tunisie méridionale en costume de fête dans un salon de Tunis*, p.

LE SOUDIER (Mlle JANE), née au Mans (Sarthe), élève de M. Gardet. — Square Delambre, 7.

213. — *Vautour*, dessin rehaussé.
214. — *Héron*, dessin rehaussé.
215. — *Aigle bateleur*, bronze cire perdue.

LESUR-ADRIAN (ODILON), né à Paris. — Avenue de Wagram, 82.

216. — *Bab-el-Alou, Casbah des Ouadaias, Rabat*, p.
217. — *Effet de matin, Fez*, pastel.
218. — *Jardin de la Résidence, Fez*, pastel.

LEVI-STRAUSS (RAYMOND), né à Paris, élève de Bonnat. — Rue Poussin, 26.

219. — *Femme andriane (Madagascar)*, p.

LEVY-DHURMER (LUCIEN), né à Alger. — Rue Labruyère, 3 *bis*.

220. — *Cour bleue, Constantine*, pastel.

L'HOEST (EUGÈNE), né à Paris, élève de Thomas et de M. Injalbert. — Rue des Dames, 27.

221. — *Danseuse rituelle*, statuette bronze cire perdue.
222. — *Porteuse de berrada*, statuette terre cuite.
223. — *Portrait de S. Exc. Hadj Thami, Pacha de Marrakech (Maroc)*, plaquette-modèle plâtre.

LINDSAY (HARRY-A.), né à New-York, élève de William Sartain. — Rue Fontaine, 42.

224. — *Le Fondouk*, p.

LOBEL-RICHE (ALMÉRY), né à Genève, de parents français. — Boulevard de la Chapelle, 120.

225. — *Une rue du Guerniez à Fez*, p.
226. — *Une porte sur la Mosquée Andalousine, à Fez (Maroc)*, p.
227. — *Une rue du Guerniez, étude (à Fez)*, p.
228. — *Une rue à Fez (le minaret blanc)*, pastel.
229. — *La Mosquée Andalousine à Fez*, pastel.
230. — *Le Petit Taalat, Fez*. pastel.

MADRAZO (FRÉDÉRIC), né à Paris, élève de Gérôme, J.-P. Laurens. — Rue du Boccador, 7.

231. — *Maison de thé*, paravent.
232. — *Mariage (Pondichéry)*, p.
233. — *Shalimar-Bazh (jardin)*, p.
234. — *Femme de Chandernagor*, p.

MAINSSIEUX (LUCIEN), né à Voiron (Isère), élève de Girod, Flandrin, J.-P. Laurens. — Rue Caulaincourt, 57.

235. — *Bédouine porteuse d'eau*, p.

MARCHE (ERNEST), né à Nemours (Seine-et-Marne), élève de J. Lefebvre et Tony-Robert Fleury. — Rue Fontaine, 42.

236. — *Sur l'Oued El-Kantara*, p.
237. — *Au Village rouge (El-Kantara)*, p.

MARCEL-GAILLARD, né à Abbeville (Somme). — Rue Chaptal, n° 5.

238. — *Portrait de Monbolo, chef de tribu, Congo*, p.
239. — *Le Fleuve Congo, près de Brazzaville*, p.

LEPAGE (Mme CÉLINE), née à Varsovie. — Boulevard Arago, 65.

240. — *La Récolte des oranges*, sc.

MARION (HENRI-MICHEL), né à Limoges (Haute-Vienne), élève de M. Malespina. — Boulevard Saint-Michel, 139.

241. — *Maison de campagne (Tlemcen)*, p.

DE MARLIAVE (FRANÇOIS), né à Toulon (Var). — Rue Littéra, 7, Aix-en-Provence (Bouches-du-Rhône).

242. — *Une tour d'angle, Angkor-Vat*, aq.

MAARAST (PIERRE), né à Paris, élève de F. Cormon. — Rue Bonaparte, 13.

243. — *Mirage*, p.

MARTINGUAY (JEAN-PIERRE), né à Genève, élève de Pelouze. — Rue des Beaux-Arts, 3 *bis*.

244. — *Un drame dans les Abysses*, p.

MARX (R.-MAURICE), né à Fontainebleau, élève de Barrias, Coutan et Gardet. — Rue d'Auteuil, 6.

245. — « *Les Surprises du jardin* », *groupe chats siamois*, marbre jaune de Sienne.
246. — « *Proie conquise* » *groupe aigle bateleur et fennec*, groupe plâtre.

MATTON (ARSÈNE), né à Harlebeke (Belgique). Professeur à l'Académie Royale des Beaux-Arts de Bruxelles. — Avenue Albert-Elisabeth, 15, Bruxelles.

247. — *Mokoko, portrait d'enfant noir*, buste bronze.
248. — *Retour de marché*, statuette.
249. — *Orgueil maternel*, statuette.
250. — *En pirogue*, statuette.

MESPLES (PAUL-EUGÈNE), né à Paris. — Rue de Jouy, 7.

251. — *Enfants d'Algérie, dessin crayon noir.*

METEREAU (FLORIMOND), né à Luçon (Vendée), élève de Raphaël Collin et de M. Fernand Sabatté. — Passage de Dantzig, 2.

252. — *Mosaïstes marocains*, p.
253. — *Portrait de Si Abbas ben Allal el Meknessi*, pastel. Appartient à Si Abbas ben Allal el Meknessi.

MOINARD (DANIEL), né à Ardilleux (Deux-Sèvres), élève de M. Ernest-Laurent. — 18, boulevard Saint-Marcel.

254. — *La Rue Richepance, à Constantine*, p.

MORIN (MARY-LUCILE), né à Saint-Louis-du-Sénégal. — Boulevard Saint-Michel, 95.

255. — *Le Niger à Ségou, Soudan*, huile.
256. — *Etudes d'oiseaux : grues couronnées*, gouache.
257. — *Etudes de fleurs : flamboyant*, gouache.
258. — *Un coin de Longa, Sénégal*, gouache.

MORSTADT (Mlle ANNA), née à Vienne, de nationalité tchécoslovaque, élève de l'Ecole Nationale des Beaux-Arts. — Rue Campagne-Première, 9.

259. — *Sous les peupliers de Kairouan*, p.
260. — *Chevaux au repos*, dessin.

NAM (JACQUES), né à Paris, élève de Gérôme. — Rue Nicolo, 3.

261. — *Sloughi (chien)*, aq.
262. — *Femmes tunisiennes*, aq.
263. — *Prostituées tunisiennes*, aq.

NORDAU (Mme MAXA), née à Paris. — Rue Henner, 14.

264. — *Martiniquaises*, dessin au fusain.

OFFAND (DOMINIQUE-ANTOINE-MARIUS), né à Marseille (Bouches-du-Rhône), élève de MM. Alph. Moutte et J.-B. Duffand. — Rue Thiers, 28, Marseille.

265. — *Rue Sidi-ben-Ziad (Tunis)*, p.
266. — *Tête de Bédouine (en plein soleil)*, p.
267. — *Mosquée Djemda et Zitoun (Tunis)*, p.

OLIVIER (FERDINAND-ADOLPHE), né à Martigues (Bouches-du-Rhône), élève de Gérôme et Eugène Carrière. — Square Delambre, 6.

268. — *Ma case dans le Foutah-Djallon*, p.
269. — *Le Marché à Mamou (Guinée française)*, p.

PARTURIER (MARCEL), né au Havre (Seine-Inférieure), élève de MM. R. Ménard, L. Simon et Prinet. — Boulevard Raspail, 276.

270. — *L'Oued à Chenini (environs de Gabès)*, p.
271. — *Environs de Tunis (temps gris)*, p.
272. — *Pins et cyprès (Tunisie)*, p.

PARKER (GEORGE-WALLER), né à New-York (Etats-Unis), élève de l'Art Students League, New-York. — Rue Boissonnade, 13.

273. — *Ville indigène, Touggourt*, p.
274. — *Temple ancien, Dougga*, p.
275. — *Rue de Constantine*, p.

PECCATTE (MARIE-CHARLES), né à Baccarat (Meurthe-et-Moselle). — Rue Thuain, 27, Saint-Dié (Vosges).

276. — *Soir syrien*, p.

PERREY (JULIEN-AUGUSTE), né à Champigny, élève de Bouguereau et Ferrier. — Avenue de Saxe, 21.

277. — *Jeunes Arabes fumant la cigarette*, p.

PONCHIN (ANTOINE), né à Marseille (Bouches-du-Rhône). — Rue Caulaincourt, 59.

278. — *Au Palais de l'Empereur d'Annam*, p.
279. — *La Rivière de Saïgon*, p.
280. — *La Pagode du Grand Bouddha*, p.

PONTOY (HENRY-JEAN), né à Reims (Marne), élève de J.-P. Laurens, L.-O. Merson. — Rue La Bruyère, 46.

281. — *Entrée au Caravansérail*, p.
282. — *Oasis à Bou-Saada*, p.

POOLE-SMITH (LESLIE-ROBERT), né à New-Zeland. — Episy, près Moret (Seine-et-Marne).

282 *bis*. — *Yindebbou, Kairouan*, p.
283. — *Femmes voilées*, p.
284. — *Djama Amor*, p.

POPINEAU (FRANÇOIS-EMILE), né à Saint-Amand (Cher). — Rue Lhomond, 52.

285. — *Femme arabe*, statuette plâtre.
286. — *Femme arabe*, esquisse plâtre.
287. — *Femme arabe*, esquisse plâtre.

POZZO (ALBERT-ANATOLE-CHARLES), né à Paris, élève de Cormon. — Rue Delambre, 17.

288. — *Les Jardins de la Medersa des Oudaïa à Rabat*, p.
289. — *L'Oued Bou-Regreg et la tour Hassane à Rabat*, p.

PENAT (Lucien), né à Vallon (Allier)), élève de Bonnat et J. Jacquet. — Rue Monsieur, 5.

290. — *Groupe de Kabyles*, pastel.
291. — *Kabyle au travail*, pastel.
292. — *Nègre à la capote*, pastel.
293. — *Mendiants aveugles à Tanger*, gr.
294. — *Mendiants aveugles à Tanger*, gr.
295. — *Nègre à la capote*, gr.

PENEAU-COSMAO (Maurice), né à Etel (Morbihan), élève de E. Bourgouin. — Faubourg-Saint-Honoré, 233.

296. — *Offrande* (*Asiatique*) (Rose Saint-Georges) sc.
297. — *Fakir* (*Pondichéry*) (bronze), sc.
298. — *Fakir* (*Chandernagor*) (plâtre patiné), sc.

PILLOT (André-Charles), né à Paris. — Avenue Victor-Emmanuel, 12.

299. — *Le Sable à Hammamet* (*Tunisie*), p.
300. — *Mohamed-ben-Ali*, p.

PLAINEMAISON (Mlle Jane), née à Lille (Nord), élève de Achille Cesbron et de M. A. Dervaux. — Avenue du Roule, 129, Neuilly-sur-Seine.

301. — *Tenture*, art appliqué.

PREVILLE (Andrée), née à Paris. — Rue José-Maria-de-Hérédia, n° 5.

302. — *Le Noir aux piments*, p.

PYCKE (François), né à Gand, élève de Doutre, J. Delvin. — Luchteren Trouchiennes Lez-Gand. — Boulevard des Hospices, Gand.

303. — *Femmes arabes*, dessin.
304. — *Femme arabe*, dessin.
305. — *Coin du Marché Djemna-El-Fna, à Marrakech* (*Maroc français*) p.
306. — *Le Pont El-Medoun à Fez* (*Maroc français*), p.
307. — *La Mosquée de Sidi-Bou-Saïd, près Carthage* (*Tunis*), p.

QUINQUAND (Mme Anna-Fanny), née à Paris, élève de Mme Marqueste-Segoffin-Hannaux. — Rue Vercingétorix, 159.

308. — *Statuette*, plâtre.

RAISSIGUIER (Félix-Paul-Emile), né à Oran (Algérie). — Rue d'Arcueil (Villa Corot), 2.

309. — *Phryné devant ses juges*, bronze cire perdue, modèle pour réservoir d'automobile.
310. — *Urne, forme égyptienne*, modèle pour bronze ou marbres couleur.
311. — *La Traversée du Sahara*, bronze cire perdue (se fait en bronze argenté ou argent ciselé et doré).

RICHARD-HENNECART (Mme Francine), née à Alger, élève de Jean-Paul Laurens et de MM. Rayer et Humbert. — Rue de Paris, 58, Taverny.

312. — *Boghari, près Alger*, p.

RIGAL (Louis-Pierre), né à Marvejols (Lozère), élève de M. Baschet. — Rue Morard, 12.

313. — *Têtes de femmes de Négrine*, p.
314. — *Tête de Négrine*, gouache.

ROOSMALEN-QUESNEL (Paule de), née à Thiverval (Seine-et-Oise), élève de MM. Maurice Eliot et Lévy-Dhurmer et de Mmes Madeleine Lemaire et Roman Jérôme. — Rue Washington, 21.

315. — *Thi-Ba, Annamite*, p.

RIGOLOT (Albert-Gabriel), né à Paris. — Rue Singer, 66.

316. — *Une rue à Bou-Saada (Algérie)*, p.
317. — *Le Soir aux environs de Bou-Saada (Algérie)*, p.
318. — *Autour d'un puits dans l'oasis de Ghardaïa*, p.

ROUAN (Rita), née à Dijon. — Rue de la Gaîté, 3.

319. — *Mogador, Port des pêcheurs*, p.
320. — *Mogador*, p.
321. — *Rabat (Tour Hassan)*, p.

ROUSSEAU (Jean-Jacques), né à Paris, élève de Roll. — Rue du Colonel-Moll, 6.

322. — *Pagode de Confucius, à Hanoï (Tonkin)*, p.

RUFFE (Léon-Henri), né à Paris, élève de Luc-Olivier Merson et de l'Académie Colarossi. — Rue Robert-Estienne, 4.

323. — *Jeune Bédouine*, p.

SAIN (Marius), né à Avignon (Vaucluse), élève de Félix Charpentier et Allouard. — Rue Belloni, 7.

324. — *Jeune Fille arabe*, statue plâtre.
325. — *Jeune Berger arabe*, statue plâtre.
326. — *Tête de jeune fille arabe*, buste en marbre de couleur.

SALGE (Martinien-Gustave), né à Marseille (Bouches-du-Rhône), élève de Gérôme et G. Ferrier. — Rue Chevert, 7.

327. — *Sampanier de la baie d'Along*, p.

SARASIN (Régnault), né à Bâle (Suisse), élève de Victor Marec. — Rue Scheffer, 2.

328. — *Vallée Aït-Mizane (Haut-Atlas), pages d'album*, aq.

SCHWETTE (Alexandre), né à Riga, élève de Jean-Paul Laurens. — 27 *bis*, avenue du Parc-Montsouris.

328 *bis*. — *Syrienne de race juive*.

SOLLIER (Henri-Alexandre), né à Bagnolet (Seine), élève de M. F. Schommer et F. Flameng. — Rue Rébeval, 62.

329. — *Au marché (A. O. F.)*, p.
330. — *Fatou et ses biches (A. O. F.)*, p.
331. — *Mère et enfant (Sénégal)*, p.

STERCHI (Eda), née à Olney, Illinois (Etats-Unis). — Rue Campagne-Première, 31 *bis*.

332. — *L'Aube à Tanger*, p.

STYKA (Adam), né à Kiela (Pologne), élève de F. Cormon et de son père. — Rue Chaptal, 7.

333. — *Marché de Bab-el-Khemis (Marrakech)*, p.

SUAU (EDMOND), né à Mulhouse (Haut-Rhin), élève de Benjamin Constant, Jules Lefebvre et T.-Robert Fleury. — Rue de Bruxelles, 3.

334. — *Un santon (Tanger)*, p.

THIELE (IVAN), né à Petrograd, élève de J.-P. Laurens. — 77, avenue Ledru-Rollin.

335. — *Portrait du maréchal Lyautey*, aq.
336. — *Portrait du général Gouraud*, aq.

THIVET (Mme Yvonne), née à Paris, élève de Humbert. — Place des Vosges, 1.

337. — *Mendiant à Tunis*, p.
338. — *Potiers à Nefta*, p.

TOOX (NISHAN), né à Armenia (Harpoot). — Rue Vavin, 19.

339. — *Marchands de piments rouges*, p.
340. — *Etude à Kairouan*, dessin.

TORTHE (JEAN-LOUIS-GABRIEL), né à Agen (Lot-et-Garonne), élève de Raphaël Collin et Jean-Paul Laurens. — Rue Cornières, 75, Agen.

341. — *Une place à Tanger*, p.

TOURNIOL (Mlle RENÉE), née à Limoges (Haute-Vienne), élève de Mlle A. Valentino, MM. Paul Mathey et H. Lévy. — Avenue de Pontaillac, 57, Royan (Charente-Inférieure).

342. — *Brahim et Mohammed (Biskra)*, p.
343. — *Fileuses à Bou-Saada*, p.
344. — *Ourida (Gabès)*, pastel.

VAN DONGEN (KEES), né à Rotterdam (Hollande). — Rue Juliette-Lambert, 5.

345. — *Mgr Gerassimos Messarra, métropolite orthodoxe de Beyrouth (Syrie)*, p.

VAN MALDERE (RAOUL), né à Marseille (Bouches-du-Rhône), élève de Colla. — Rue Rochechouart, 10.

346. — *Paysage oranais*, p.

VERDIER (AIMÉ), né à Paris. — Place d'Italie, 10.

347. — *Brousse tunisienne*, p.

VERGE-SARRAT (HENRI), né à Anderlecht (Belgique). Français. — Boulevard de Clichy, 130.

348. — *Route de Gafsa (Tunisie)*, p.
349. — *Dans les oliviers de Gafsa*, p.

VIC-VAL (VICTORINE), née à Calais (Pas-de-Calais), élève de Gervex. — Place des Ternes, 9.

350. — *Vieille rue à Bizerte*, p.
351. — *Intérieur de chapelle à Tunis*, p.

VILLARD (Antoine), né à Mâcon (Saône-et-Loire). — Square Desnouettes, 4.

352. — *Jardin, Oasis de Gafsa (Sud-Tunisien)*, p.
353. — *Abricotier en fleurs, Oasis de Gafsa (Sud-Tunisien)*, p.
354. — *Abricotier en bourgeons, Oasis de Gafsa (Sud-Tunisien)*, p.

VILLERS (Gaston de), né à Bruxelles. — Avenue Malakoff, 81.

355. — *Paysage*, p.

VOLLET (Henry), né à Champigny-sur-Marne (Seine), élève de Cormon. — Raguenes, par Nevez (Finistère).

356. — *Une mendiant chinois (Cholon)*, monotype.
357. — *Un vieillard muong (Tonkin)*, monotype.
358. — *Un boy annamite*, monotype.

WORMS (Moïse-Willy), né à Paris, élève de Gabriel Ferrier. — Rue de Vaugirard, 99.

359. — *Masques, Afrique du Nord*, pastel.
360. — *Masques, Afrique du Nord*, pastel.

WULFFLEFF (Charles-Albert), né à Londres, élève de H. Deglane. — Rue de Bourgogne, 25.

361. — *Plage du Carbet (Martinique)*, aq.
362. — *Plage de Case-Pilote (Martinique)*, aq.
363. — *Mosquée (Tanger)*, aq.

Paris. — Société Française d'Imprimerie (H. Chamard, administrateur-délégué)
12, rue de la Grange-Batelière.

GOUVERNEMENT GÉNÉRAL DE L'INDOCHINE

AGENCE ÉCONOMIQUE DE L'INDOCHINE

PARIS, 20, Rue La Boëtie, PARIS

Créée en 1918, à Paris, l'Agence Economique de l'Indochine représente à Paris le Gouvernement Général ;

met en relations le producteur indochinois et **le consommateur** européen ;

provoque la réunion des capitaux, le **groupement des capacités** pour la création d'affaires agricoles, industrielles et commerciales ;

appuie les Français de France et d'Asie dans leurs **démarches administratives ;**

réunit et tient à jour une **documentation** complète sur toutes les questions et les produits d'Indochine ;

rassemble et communique tous les **renseignements commerciaux et industriels** sur toutes les affaires existantes, et sur les **affaires à créer ;**

établit et expose un **échantillonnage** de tous produits, naturels et industriels, de l'Indochine ;

étudie, scientifiquement et techniquement, les **plantes, minerais** et tous produits du sol et du sous-sol, **en vue de leur production** et de leur exploitation ;

communique à la presse française toutes les **informations et nouvelles** sur tous événements d'Indochine et d'Extrême-Orient ;

tient à la disposition des conférenciers et écrivains des séries de **photographies,** de **clichés,** de documents **cartographiques** et de **films cinématographiques** sur l'Indochine.

Tous les Colons, Hommes d'affaires, Savants, Écrivains, Orateurs, Touristes

ont intérêt et à visitér, et à consulter, à

L'AGENCE ÉCONOMIQUE DE L'INDOCHINE

Son service **COMMERCIAL**

Son Service de **DOCUMENTATION**

Son Service **TECHNIQUE**

Son Service de **PROPAGANDE**

et de la **PRESSE**

Le **Résident Supérieur,** Directeur de l'Agence, **reçoit** à son cabinet, 20, rue La Boétie, les mardis et vendredis matin. Tél. Elysées 43-45.

GOUVERNEMENT GÉNÉRAL
DE L'AFRIQUE OCCIDENTALE FRANÇAISE

AGENCE ÉCONOMIQUE
DU
GOUVERNEMENT GÉNÉRAL DE L'AFRIQUE OCCIDENTALE FRANÇAISE

27, Boulevard des Italiens, PARIS

L'Agence Economique, créée en 1920, réorganisée en 1923, a pour mission :

De contribuer, par tous les moyens de propagande mis à sa disposition (foires, expositions, presse, tracts, etc...) à l'éducation coloniale dans la Métropole ;

De faire connaître les ressources de l'Afrique Occidentale Française et les débouchés qu'elle offre ;

De renseigner les entreprises de colonisation agricoles, minières commerciales et industrielles dont la constitution est appelée à servir le développement économique du groupe ;

De suivre les conditions de mise en valeur des terres tropicales, tant en France qu'à l'Etranger, notamment en ce qui concerne l'exploitation des produits du sol et du sous-sol, la législation, l'outillage mécanique spécial au traitement sur place des matières premières tropicales ;

De renseigner les particuliers sur toute question intéressant l'Afrique Occidentale Française ;

De représenter le Gouvernement Général auprès des groupements économiques de la Métropole et de l'Etranger (Chambres de Commerce, Instituts coloniaux, congrès, etc...)

GOUVERNEMENT GÉNÉRAL DE L'AFRIQUE ÉQUATORIALE FRANÇAISE

AGENCE ÉCONOMIQUE
de l'Afrique Équatoriale Française

23, Galerie d'Orléans, Palais Royal, PARIS (1er)

DIRECTEUR DE L'AGENCE : **M. MIRABEL.**

DÉTACHÉS A L'AGENCE :

MM. GALLAND, Administrateur de 1re classe des colonies.
JOURDAIN, Administrateur-Adjt de 1re classe des Colonies

SECRÉTAIRE DE L'AGENCE : **M. RIÉGERT.**

Heures de réception :
de 9 h. 30 à 11 h. 30 et de 14 h. 30 à 17 h. 30

Créée en 1919, l'Agence Economique centralise et met à la disposition du commerce métropolitain tous les renseignements agricoles, commerciaux et industriels ;

Renseigne tous les colons sur les marchés français et étrangers ;

Fait connaître en France les ressources de la Colonie ;

Vulgarise ses produits en vue de leur utilisation industrielle et commerciale ;

Documente les initiatives et les capitaux français sur les facultés d'utilisation ;

Organise la participation de la Colonie aux expositions, foires et concours qui se tiennent en France et à l'étranger.

Toutes les personnes qui sont désireuses de se documenter sur le Congo, ont tout intérêt à s'adresser à l'Agence Economique de l'Afrique Equatoriale Française, où il leur ser adonné des renseignements précis et utiles sur l'agriculture, le commerce et l'industrie.

COMMISSARIAT DE LA RÉPUBLIQUE AU CAMEROUN ET AU TOGO

AGENCE ÉCONOMIQUE

DES

TERRITOIRES AFRICAINS SOUS MANDAT

37, rue Taitbout, 37. -- PARIS

Téléphone : Trudaine 01-48,
Trudaine 01-49.

L'Agence économique des Territoires africains sous Mandat, créée à Paris depuis le 1er Janvier 1924, représente à Paris le Commissaire de la République au Cameroun et le Commissaire de la République au Togo.

Elle a pour objet le développement des relations commerciales et économiques entre la France et les deux territoires du Cameroun et du Togo.

Elle se tient à la disposition du public pour lui fournir gratuitement tous les renseignements sur les produits exportés et les besoins des marchés.

Elle place sous ses yeux un échantillonnage complet des principales productions et des matières premières provenant du Cameroun et du Togo.

Elle lui donne en communication : statistiques, textes officiels, ouvrages périodiques et, d'une manière générale, toute la documentation se rapportant au Cameroun et au Togo.

Elle tient à la disposition des conférenciers et des écrivains des séries de photographies, des clichés et documents cartographiques sur le Cameroun et le Togo.

Pour tous renseignements, s'adresser à :

L'AGENCE ÉCONOMIQUE

DES TERRITOIRES AFRICAINS SOUS MANDAT

LE DIRECTEUR DE L'AGENCE reçoit les mercredis et vendredis matin.

VOULEZ-VOUS VISITER :

le MAROC,
l'ALGÉRIE,
la TUNISIE.

Ces merveilleuses régions de l'Afrique du Nord
pays de l'Islam et des ruines antiques

confiez aux

AUTO CIRCUITS NORD AFRICAINS
de la Cie Gle TRANSATLANTIQUE

le soin de préparer votre Voyage.

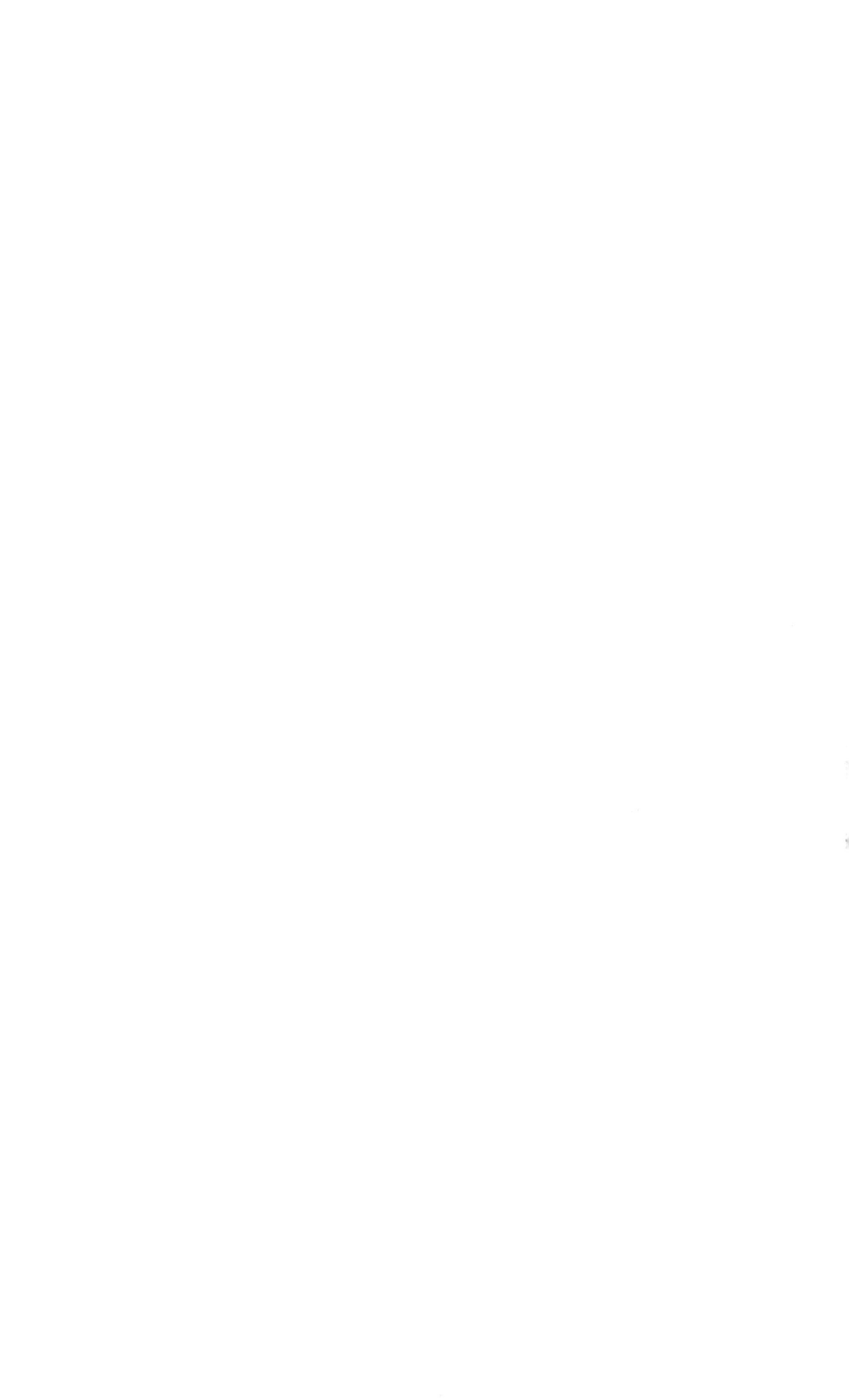

www.ingramcontent.com/pod-product-compliance
Lightning Source LLC
LaVergne TN
LVHW021637170726
843501LV00007B/2260

* 9 7 8 2 3 2 9 6 4 5 8 3 4 *